AF599805

A MIS 20
CUANDO EL AMOR LIBRÓ

Yerko Alfaro Castro

Aliarediciones

Corrección: Eladia Guerrero
Diseño de cubierta: Jaime Galisteo
Maquetación: Aliar Ediciones

Depósito Legal: GR 1525-2024
ISBN: 978-84-10374-92-8

Impreso en España

Edita
ALIAR Ediciones
www.aliarediciones.es
info@aliarediciones.es

A MIS 20
CUANDO EL AMOR LIBRÓ

Yerko Alfaro Castro

Prólogo

Aventurero en la vida y aventurado en el amor: este poemario es un fiel y sincero reflejo de lo que el autor ha sido desde «Cuando los 20» hasta «Cuando los 29», auténtico, abierto en canal y en primera persona. Los versos de estas páginas atesoran memorias chilenas, españolas y otras internacionales. Estas nos hacen reflexionar sobre cómo el amor es una cuestión extremadamente humana que nos condiciona a todas las personas que habitamos este planeta. Sin embargo, en los tiempos líquidos que corren, se torna frágil, volátil y etéreo. Esto lo hace todavía más complejo, pero también lo convierte en puro material poético.

Desde principios de mis 20, Aleksandra Kollontai me pareció que defendía una noción de amor muy interesante, sensata y deseable. Se trata de un amor incondicional, no limitante ni exclusivo hacia una sola persona, especialmente si se trata de un marido o una familia (entiéndase estos últimos términos en el contexto de esta revolucionaria rusa del siglo XIX y XX), pero también podría ser un dios, un amo o patrón, o un ideal. A ninguno de estos se les debe servir de por vida.

En su lugar, el amor puede rebasar los límites tan estrictos que el sistema ha estipulado. En realidad, el amor es un asunto filosófico de primer orden. Elástico y maleable, no se puede relatar mediante una sola y única experiencia, sino que depende de los ojos que lo miren. El amor motiva muchas de las obras artísticas que son creadas. De hecho, algunos de los poemas de esta obra parecen ser cantados y acompasados con una melodía de guitarra de Víctor Jara.

Este libro no es para mentes opacas ni corazones poco sentimentales. El amor por otras personas o seres vivos, el amor por una causa y quienes la comparten, el amor por el arte, el amor por la vida en la tierna juventud, y todos ellos revueltos entre sí, es para lectoras y lectores valientes que, tal vez, logren identificarse con las vivencias que inspiraron los versos que van a disfrutar. Sentimientos de amor *sentío* y *sufrío* se desprenden de todos ellos.

En último lugar, debo mencionar que el amor que me une al autor de este poemario es, sin duda, incondicional, y eso siempre es atrevido pero necesario en los tiempos que corren.

Gemma M. G. G.

Índice

Cuando los 23

Cuando los 24

Cuando los 25

Cuando los 26

Cuando los 27

Cuando los 28

Cuando los 29

Cuando los 20

Un paso más

Un paso más sin respiro
es su disparo entre fervor
nexo de frío y calor
que termina en un tiro
se olvida en un giro
una discusión bandida
el impacto de mi vida
como si no pasó nunca
esperanza que se trunca
inmersa en la bebida

El té trae su recuerdo
para matar esa ansiedad
de un corazón sin piedad
que todavía me remuerdo
si no fuera por acuerdo
no estaría tranquilo
porque palabras con filo
cortan más que las cuchillas
peor en bromas sencillas
dejan todo en un hilo

Venus y Marte rotando
cada cual en su sentido

de repente no hay sonido
en un espacio andando
con los ritmos retumbando
los planetas buscan astro
eres luz sin dejar rastro
energía a subsistir
eternamente a morir
tu Yerko Alfaro Castro

Tengo

Tengo frío cuando pienso en la montaña
que de pronto baja con el viento
hay algo que en mis huesos ahora siento
son los días de invierno y sus marañas

de la gente con musarañas
que congelan aún más el ambiente
aunque el dulce chocolate me tiente
no me quito sus migrañas

por mucho que el deseo se arrepiente
me quedo aquí gustoso
a falta de hombre valioso
donde el corazón no me miente

tengo un fuego maravilloso
para olvidarme de la eslava tristeza
sacarme esa temporal pereza
en el día a día desastroso

con un cariño a torpeza
aún en este instante
que te hayas tan distante
tu calor se hace certeza

en esa astucia interesante
cuando vuelves verano tu invierno
y mi humedad un infierno
dedicada a una razón irrelevante

quien no supo del levante
de una pasión y locura
que en ti encontró la cura
para seguir adelante

Ya

Ya que no me fui, doy
lo que de mí soy, di
y sin ser un fin, hoy
por un quién me voy, sí

Ya sé que tal vez, vi
el bien más en ti, juez
pues va con mi tez, y
he de dar a ti, diez

Riel, haz tú de mi chal
cal, que fue do la piel
miel, sé tras la fe dual

Mes, sin vos a lo cual
tal, no id con los pies
res, so la sien del mal

Me muero por tomarte

Me muero por tomar té en una tarde
para saciar sed de mis ilusiones
ahogar los miedos y frustraciones
porque alguien me pidió que los guarde

Esa mujer que sin tanto alarde
reporta mil años en sensaciones
tierra amarilla de revoluciones
asiática guerra todo lo arde

La fantasía se torna roja
como cualquier infusión en el arte
buena suerte hacia quien se enoja

Cuando enloquezca sin avisarte
desde diferencia hasta paradoja
por compañera mía a ti tomarte

Arremetida de repente

¿Y si mi fuego no prende?,
porque tengo puestas gafas con aumento
y podría utilizarlas para hacerlo,
cuando al no tenerlas podría dejar libres a mis ojos
para encender llamas en la gente inculta,
de modo que se conociera de mi calor,
que la formalidad mía todo lo oculta,
porque la ceguera es mensajera de esperanza
para el religioso o fortaleza para quien no quiere serlo.

Sin proclamar un ideal y otro desmerecerlo,
creo que la humildad no es más
que la terquedad por la cual se insulta,
a falta de ofensas con mil y una multa,
el eufemismo sigue siendo mentira aunque no pueda parecerlo.

En tal caso antes de tornar todo esto en un disparate,
lanzo leña a la cultura y los medios que están engañando,
porque creer en cosas que no se ven es de primate.

Al dar origen a la banana de un jardín en un instante,
del vacío anterior preocuparse es un hablando,
mejor ahora ocuparse actuando que es más importante.

Te concedo

Te concedo todas las ganas que me quedan
la absoluta motivación que se me desliza
cuando lo real me aterriza
y mis perspectivas cedan

Mas por si suficientes no fueran
las interrupciones del ruido latente
en una nube de duda intermitente
ansiedades relativas del día me desesperan

Te concedo mi sueño demente
las ideas exquisitas de arte y ciencia
con varias reflexiones de mi conciencia
que a cada instante buscan lo diferente

Extiéndase la lucha contra la paciencia
para los aires de mediocridad
por la soberbia verdad
que no sabe guardar apariencia

Concedo lo que tengo a la soledad
entendedora de los inteligibles
refugio de frustrados invisibles
y escape de cualquier sociedad

Cuando los 21

Sensación perturbada

Sensación perturbada, que me tienes aquí pensando en ella, pensando en lo hecho y lo que se puede hacer; sin más, provocando al resto de mis sentidos, alterando mi cerebro, queriendo más y más. ¡Este trastorno obsesivo se esmera por un ápice de moderación!

Cómo no quedar descolocado tras estímulos infinitos, tan extensos en el tiempo, tan tentadores a la distancia, tan fuertes en contenido; me sofocan en maneras que no sé dónde me decantan sin razón de realidad.

No sé dónde se dirige toda esta fuerza, que me altera de noche a mañana, embravece mi cuerpo de locura, llevándolo hasta sus límites, rozando los excesos de una hechura vulnerable, enternecida e inocente, ¡qué maldita sensación!

Me sigue como resquicio frío en la cabeza, cala profundo hasta todas las ideas, remueve todos los preceptos, nubla todos los conceptos, no frena ante un destino abierto, lleno de posibilidades, que enceguece, pese a la alta visibilidad.

La contradicción es tan humana, sin embargo, no puedo resistirla; entonces soy oportunista, o puedo discutirla, no sé, no sé, qué hacer con ese fulgor que se posa en mi máquina de disparates y debates, ¿cómo tomarla si no la tengo?

Si ya no fuera suficiente esperar por una respuesta, una señal que marque el esclarecimiento, me abordan las dudas personales, los cuestionamientos demenciales, las propuestas a largo plazo, y esa vida que pacta todo ahora en un abrazo, en un beso y cariño.

Cómo negarse al suceso venidero, reciente de promesas diferentes, de tratos humanos sinceros, la manifestación dispuesta más inteligente, ante asuntos atractivos, a la pasividad suprimida por un estado activo, a todo aquello que pretendo y retengo.

Tan solo queda entregarse, al momento, al aquí y al ahora, al no desesperar, no mirando ni adelante o hacia atrás, caminando, saltando feliz, como bobo, comiendo perdiz, volviendo al origen de las cosas simples, vivir el impulso; interactuar como un niño.

Me ataco, no me reconozco, ya no soy el de antes, el cuerpo no puede, el alma no sabe, la energía me falta, lo material se trasluce, me descubro, como el ser insignificante que represento, sin nada, sin nadie, quién soy...

Vivo y muero en todas las mentes, sirvo y me convierto en un inútil, no implico, no vinculo, sin voz aparente, me proclamo dios de mi propio mundo, y no soy más que un vagabundo, de cosas y cosas que no son más que eso tangible.

Me miro de pies a cabeza, me elevo con mucha certeza, para decir que es tan relativo todo lo que salga de mí, pero no puedo estar de algún modo nocivo, porque el llamamiento al bien indiscutible se me sale por la religión y moral que no doy.

De pronto no guardo más consigna que el ser un humano de fallos y bondades, el soñar con lo que todos hacen cuando no están soñando, porque están ahí amándose, cantando, riendo, comiendo y bebiendo. Hay definitivamente, un hombre invencible.

Ten

Ver bien no va mal
vil es quien no es buen ser
mas no vi ser tal

que no hay que dar
por el dios de la gran fe
un, dos, dual o par

tú ves que soy fiel
no sé por qué ir a ti
si no me das miel

ten lo que me das
pues muy bien es si la voz
da, aun si te vas

Tengo ganas

Tengo ganas de sentir lo que no he sentido
de vivir lo que no he vivido en años
recuperar el fuego en el riesgo de los daños
para todo lo diferente y nuevo estoy decidido

Hay un corazón opacado por cúmulos de engaños
reprimido de latidos al máximo de ver
que quiere estallar y solo arder
por sentimientos apasionados sin tamaños

Todo se declina a una mujer
poseedora de mis pensamientos inquebrantables
verduga de mis posiciones inexorables
absoluta ruptura de mi ser

Tengo ganas y las tendré ahora
de convertirme en el tonto clásico
o rebajarme hasta el vocabulario más básico
tal contemplo que todo listo se enamora

Aún no me arrepiento de mil y una hora
que gasto y gastaré en ti
aunque la respuesta concluyente no fuera sí
tu presencia cada instante lo decora

Por si no fueran palabras repetidas así
en tantas canciones o poemas
de nuevo con el amor y sus temas
que se suman absurdamente esta vez a mí

Y tengo ganas de aprender y equivocarme
a reconocer la adrenalina de estos movimientos
querer creer en recientes sentimientos
porque no temo amar y enamorarme

Pese a que me distraen tantos pensamientos
que la pareja es un compromiso de proyecto
todo se construye con comunicación e intelecto
pero el amor no sabe de talentos

No se compadece del tiempo furtivo en efecto
mucho menos de las distancias ponzoñosas
ni ansiosos o pobres con sus cosas
y de sorpresa me ha cogido el afecto

Castigo

Como la resaca que cae después
de la velada de fuertes excesos
giran y me truenan todos los sesos
ya me suena por derecho y por revés

El castigo del placer sin duda es
estar aquí con mis deseos confesos
ella allá con magia de otros besos
reprimida calentura del cortés

Un sueño mojado no es promesa
compromiso de seguir si se quiere
soñando despierto más interesa

Fantasía de algún modo hiere
inclusive la más bonita pesa
en cada ilusión que se confiere

La cuestión de un niño

Labios de niña rica
recibe el beso de este más pobre
niño que no explica
cómo se une el café y el cobre
de qué manera le doy
si no tengo nada en el bolsillo
solo la cultura soy
de un fecundo sur escondidillo
cuestión es el capital
cuasi dialéctica de lo marxista
en discusión material
mejor no dar lata a simple vista
la bondad del mercado
no salvará la histórica condición
ni apoyo del Estado
quedan las armas a la resignación
pero yo la requiero
anhelo tenerla aquí conmigo
sentimiento más fiero
haz olvidar la marca del abrigo
dame la esperanza
que la educación me promete dar
de viajar con confianza
y así un día poderte alcanzar

Aunque esto esté mal

Me gustaría ser esa sábana
que tenga todito el privilegio
de rozarte así cual sortilegio
develes al sudor por la mañana

ser la guitarra que guarde la gana
de hoy hasta el remoto colegio
tocarte suavemente en un arpegio
serenata al pie de tu ventana

no tengo para la sutileza
descarada ante la pulcra moral
amiga, de ponerte en la cabeza

queriendo decir de modo demencial
que me haces bien con toda certeza
y te deseo, aunque esto esté mal

A pesar

A pesar de que ya sepa
que tienes que decirme pocas cosas
para que nada quepa
en ganas presuntuosas
y quede todo claro
entre nuestras jóvenes relaciones
porque es algo raro
hablar después de otras emociones

A pesar de aquello
hay que confesar que se siente dolor
cuando amar es bello
lo contrario a conocer el amor
si no por qué hay rabia
cuando se tiene y no se entrega
ya en la vida sabia
la tristeza más tarde se restriega

Pizpireta

Pizpireta ante mis ojos ciegos
quiebra mis esquemas con tal derecho
de tirar aquel resto tan maltrecho
que queda de mis despreciables egos

Dirígeme a encontrar sosiegos
que estuvieren en ímpetu del hecho
de la revolución y su despecho
con un mundo mejor de más apegos

Consignas de justicia y fraternidad
frente a la élite y su despojo
para luchar en la calle libertad

Afuera entre alegría y enojo
por muchas transformaciones de verdad
sabes despertar mi corazón rojo

Por ti es que escribo

Por ti es que escribo, compañera, aunque no seas la más dulce de las princesas, porque bien sabes que en repúblicas tales alimañas monárquicas no existen, y mucho menos los caballeros enajenados que las adulen en mérito o gracia divina.

Por ti es que escribo, compañera, aunque no guardes la serenidad libertaria que los sutiles patrones demandan; porque son los choques de tus sistemas orgánicos los que estallan antes que tu boca, sin otra dirección más que la acción severa.

Por ti es que escribo, compañera, aunque la lógica se deje caer con fuerza ante los apelativos simplistas de la realidad, no dejando entrever a los otros, argumentos que con vehemencia bien sabes defender hasta el cansancio de todo comienzo y fin de era.

Por ti es que escribo, compañera, aunque sé que ya no hay más aunques y porqués cuando eres como la moneda; que por sello también tiene cara, a lo que pesares y justificaciones enarboladas no caben en el alto valor dual que de ti tanto fascina.

Por ti es que escribo, compañera, mi tristeza de ayer, mi tormenta de hoy, mi esperanza de mañana; el ímpetu flamante como flagrante de una razón perenne, el impulso descontrolado de un apasionado corazón, el sueño violento.

Por ti es que escribo, compañera, para vomitar todo lo que no he vomitado, ya que no hay palabras cursis, sino esa grosera y agreste intención de aplaudir la belleza abyecta, y seguir riendo grotescamente según tu enseñanza.

Por ti es que escribo, compañera, de modo que consagre las prácticas ridículas de menesteres sin sentido, haciendo frente a la irrupción de la irascibilidad de tus sensores, y así me regales fragmentos superfluos de confianza.

Por ti es que escribo, compañera, sin otro querer que entenderte y entender que te quiero, que las inflexiones dispersas de la mente me han sabido dar, mas no tanto como lo mereces inminente y claramente quisieres de cierto sentimiento.

Por ti es que escribo, compañera, a modo de hallar en ti la fantasía y construcción, la idea y la acción, la lucha y revolución, la iniciativa y decisión, la voluntad y organización, la motivación y conquista, y toda la más pura procacidad vertida para triunfar.

Por ti es que escribo, compañera, en honor de esa entropía, de esas deidades carentes de rumbo, grupos dominantes con sus sistemas desiguales, las indignantes esencias ignorantes de sujetos, y este dolor profundo, amplio y fatal.

Por ti es que escribo, compañera, con el único ánimo de brindar el respaldo inextricable, pero inconfundible, a todas las batallas que tengas que vivir en esta larga guerra llamada vida, que tarde o temprano sabrá de una victoria final.

Por ti es que escribo, compañera, para creer ciegamente en todas tus entelequias, en la fortaleza de tu ser, emociones fervorosas, intelecto humanista, hambre y sed de aprender; innegablemente una inspiración intrínseca de amar, amar y amar.

Cuando los 22

Nuestro amor es de ciegos

Nuestro amor es de ciegos
de esos que no se han visto
de esos que tú y yo entendemos
cuando cerramos los ojos
nos tomamos las manos
para fundirnos en un abrazo

Nuestro amor es de ciegos
tan soberbio, tan abnegado
seguramente lo más oscuro
como tú o como yo
contracorriente a cada instante de todo
mas consecuente en su razón

Nuestro amor es de ciegos
sometido a un fideicomiso
subastado a cada uno de los sueños
sin color, sin cosas claras
ni puntos, ni líneas
un caos que solo tú y yo queremos

Nuestro amor es de ciegos
de muchachos terriblemente inmaduros
que van dando palos por doquier

tratando de encontrar el camino alguna vez
con tal de tropezarse en sí mismos
todo sigue igual, ¡qué más da!

Nuestro amor es de ciegos
ciegos que hacen música
con las piernas, brazos, abdomen
con las palmas, mejillas, nalgas
cuando se apaga la luz
¿acaso no hay mejor concierto de medianoche?

Nuestro amor es de ciegos
está en los dedos que pulsan
en los oídos detrás de las paredes
en la lengua que se enrosca
también en la nariz que se mete
y obviamente, en el corazón que siente

Surcando

Ahora mismo que estoy frente a mí
surcando pensamientos y el cielo
tengo tantas palabras de consuelo
de nostalgia, risas y ganas para ti

Ay, qué hacemos para estar así
tan lejos en un mundo paralelo
sin poder tocar un poco el suelo
donde la ternura contigo viví

No decaeré en ningún momento
espero que tú tampoco lo hagas
afirmando con fuerza aquel sentimiento

Que en tus brazos enciendes y apagas
y presionando en cada momento
para que conmigo te satisfagas

Cuando los 23

Si de querer quererte

Si de querer, quererte
de amar te amase hasta hartarte
¿qué más se puede hacer?
si pensarte es como enloquecer
amor que desvaría
¿a dónde me llevará tu compañía?
porque si ya quisiera
mi vida entera la apostaría
que seas la primera
flor de flores en toda primavera
y sé luz de mis ojos
y el placer de atardeceres rojos
porque en un espacio
sin ti, de amor, muero tan despacio

En la espera

En la espera soy yo
y soy yo sin ti
sin ti como la nieve
nieve fría que mata todo
todo hasta el ruido de mi ser
mi ser que no es más que mendigo
un mendigo de tu piel

Puedo morir en la espera
como lo haces tú por mí
cada mañana, cada tarde, cada noche
y puedo vivir también
como vives tú en mí
cuando hablas, cuando ríes, cuando toses
el tiempo se hace era...

Sabes que la espera rima con desespera
la desesperación es antónimo de ansiedad
qué es la ansiedad sino miedo
¿pero qué miedo voy a tener?
cuando son miles las incertezas y una sola verdad
que mi amor por ti no tiene remedio
aun estando en la absoluta soledad

Espera que te espera
mi corazón sin tregua
mi cuerpo sediento
mi estúpida adicción a ti
mis formas más refinadas
o las más grotescas
que apasionan mi sentir

Y en aquella espera
no solo aguarda quien está
sino quien además va
buscando la primavera
o un tiempo mejor
porque como «hoy es siempre todavía»
y todavía será siempre tiempo para el amor

¿Qué no haría por ti?

¿Qué no haría por ti?
Para que de loco me vuelva cuerdo
y de loquito así
que todo el mundo esté de acuerdo
que aquello que sentí
pues no me lo callo, ni me lo muerdo

¿Qué no haría por ti?
Para que tus ojos brillen mucho más
buscándome a mí
o encontrando a todos los demás
que iluminen por ahí
por doquier, por delante y por detrás

¿Qué no haría por ti?
Para que el ruido no rompa cabezas
cabezas que digan sí
a la lucha de mentes con destrezas
luchas a las que no fui
por las que te admiro cuando enderezas

¿Qué no haría por ti?
Para enamorarte cada día
del ahora y el aquí
de esa llamada ciencia que nos guía

y esa llamada allí
que al teléfono te hace mía

¿Qué no haría por ti?
Para que conocieras lo bonito
lo bonito que viví
cuando mi mano encontró tu pelito
lo tierno que hay ahí
para que el tiempo fuera infinito

¿Qué no haría por ti?
Para que no guardes ninguna pena
y vivas el frenesí
que pone final a aquella cadena
y el punto sobre la i
a tan larga y lánguida condena

¿Qué no haría por ti?
Si te amo hasta cada segundo
hasta aquello que no di
porque sabes que loco es el mundo
y que el amor es como pi
tan interminable y tan profundo
¡qué no haría por ti!

Como nunca

Miente como nunca me hayas mentido
hiéreme como nunca lo has hecho
parte mi corazón, ábreme el pecho
y haz como si te lo hayas comido

Óyeme como no me has oído
que por mucho que me tengas deshecho
entre todo el dolor y el despecho
te querré como nunca te he querido

Y aunque te hagas la mala otra vez
conmigo no funciona tu desprecio
te aviso que no es una insensatez

Sé que pueda ser demasiado necio
ver que detrás del frío hay calidez
y que el amor por ti no tiene precio

¿Qué más puedes y puedo hacer?

¿Y qué más puedo hacer yo?
Si yo no soy por quien vienes
ni por quien vas
si a mi pasión respondes no
¿por qué razones me tienes?
¡no me las das!

¿Qué más puedo hacer yo pues?
Cuando otro casi ha ganado
la partida
cuando otro es quien también ves
como corre a tu lado
¡ay, la vida!

¿Qué más puedo hacer yo ya?
Si encantado todavía
sigo, amor
si todo me viene y me va
tendré que esperar el día
de estar mejor

¿Y qué más puedes hacer tú?
Nada más que enamorarte
y ser feliz
dar gozo al espíritu

en que puedes encontrarte
desde raíz

¿Qué más puedes hacer tú hoy?
Sino seguir aprendiendo
lentamente
cada paso que das, que doy
es un vivir estupendo
de la mente

¿Qué más puedes hacer tú, miel?
Si te equivocas otra vez
¿Echar llanto?
No, camina hacia mi piel
la amistad será sencillez
y mi canto

Te esperaré

Amor, yo te esperaré
así como tú esperaste por mí
guardando cada sueño
noche a noche soñado para ti.
Y aunque no sea tu dueño
me haré de tus recuerdos que ya vi.

Cariño, te esperaré
todo lo que haga falta sin presión.
Sabes tú que destiño
pero no quiero subir la confusión
y si lloro como un niño
también soy un viejo con su decisión.

Mi vida, te esperaré.
No temas a esa incertidumbre
por muy lento el día
y lo que pregone la muchedumbre
nace más de una vía
que al final seguro te alumbre.

Mi cielo, te esperaré
para ofrecerte escudo y espada
acabar con el hielo
o los enemigos de tu velada

y volver el anhelo
que un día se fue de madrugada.

Bonita, te esperaré
aunque pasen los días o los años
o la gente maldita
conozca en su piel también los daños
y esperaré una cita
para volvernos nocturnos extraños.

Cuando los 24

Te me has negado a quererte

Te me has negado a quererte
y yo me niego a aceptarlo
todo pa que no pueda verte
ni tu cariño escucharlo

Te me fuiste y no volviste
porque yo sigo esperando
y aunque no te arrepentiste
mi vida te sigue pensando

Tu recuerdo no es angustia
sino el frío de verano
una amistad se puso mustia
y el olvido se durmió temprano

Te me has negado a buscarte
como un círculo cerrado
yo tampoco quise encontrarte
cuando pasabas por mi lado

Y así, así te me pasaste
como pasó también el amor
como eso que me cantaste
algún día, sin tanto dolor

Tu sonrisa no es mi placer
porque es el de todos y todas
ya no queda nada más que hacer
luchar solo contra las modas

Te me has negado a decirte
que te echo de menos un montón
que te quiero sin más pedirte
que te quedes en mi corazón

Pero te me vas con miedo
y miedo de alguna tentación
la cual ya me importa un bledo
si no logras darme explicación

Porque no puedes frenar el paso
a que quieras y quiera verte
y duele que tras el fracaso
te me has negado a quererte

Joven insurgente

Antes de quemar ya cada palacio
joven insurgente de mi corazón
libera mi alma de este caparazón
y haz que arda tan suave como despacio

Por doquier, uno a uno, cada espacio
pensamientos conformistas sin razón
o levantamientos de la desazón
que no son más que un deseo reacio

A cambiarlo todo sin un aviso
más que la sed de un grito libertario
que acabe con las cadenas al piso

Que nos ata a nuestro adversario
y que nos deja algún compromiso
de vivir como revolucionario

Tanka 1

Brisa de agosto
en el sur es invierno
en mi corazón
nace atrevimiento
que prende la fogata

Tanka 2

Nieve de día
mas el fuego de noche
y tus ojitos
manos que vienen y van
dejan caer el sueño

Tanka 3

La resistencia
como hojas de otoño
el amor de hoy
flores primaverales
son otras las cobijas

Tanka 4

Amar tus ojos
sin mirar todavía
es quererte hoy
a oscuras sin nada
como apagón central

Tanka 5

Tu cuerpo de alma
en mi cama todavía
suena y resuena
en mi almohada vienen
besos de madrugada

Tanka 6

Como dos placas
que chocan y se mueven
un terremoto
hicimos en invierno
para despertar también

Tanka 7

Corazón roto
y mis ganas de luchar
¿dónde correrán?
en las nubes que llueven
en los barcos que se hunden

Haiku 1

Mi japonesa
aires de primavera
corazón sin fin

Haiku 2

Floreciente ser
de una sed que embriaga
toda la vida

Haiku 3

Vientos que soplan
sol que cae ya más tarde
un amor al fin

Haiku 4

Viejas entradas
colores coloridos
una salida

Haiku 5

Tiernos recuerdos
piel erizada así
si cae el día

Haiku 6

Soplar del viento
sentimiento ruidoso
amor que canta

Haiku 7

Los grillos cantan
la mujer se levanta
a la ventana

Haiku 8

Un pajarillo
habló a la mañana
y el sol salía

Haiku 9

La madrugada
da el trino que espera
el crepúsculo

Haiku 10

Cuando el reloj
cambie por esta noche
vendrás más cerca

Haiku 11

Últimas lluvias
un amor develado
petricor también

Las mismas manos

Con las mismas manos, amor
que te cuidan el día de hoy
con las mismas manos estoy
para hacer tu día mejor
con las mismas manos te doy
una noche diferente
y te guardo en mi mente
en cada camino que voy
con las mismas manos miente
la boca y dice quién soy

Con las mismas manos leo
una carta y una piel
con las mismas manos veo
cómo es la caricia fiel
como ferrocarril en riel
por tu cabellera lisa
que con las mismas manos es
de los viajes, el más cortés
querido por tu sonrisa
y con las mismas manos ves

Con las mismas manos guío
las tuyas hacia las mías
las mismas manos veías
al ver el corazón mío

llorando hecho un río
con las mismas manos dije
adiós, amor, no te fijes
si no hay lágrimas aquí
pues me verás reír así
cuando al fin te acobije

Y tú irás a mi sueño
mas yo no seré tu dueño
con las mismas manos verás
este corazón risueño
con las mismas manos serás
creación de cuerpo sano
soy tu compañero y tu hermano
con las mismas manos tendré
la fuerza con que te amaré
pues, serán, las mismas manos

Cuando los 25

Hasta el final

Te duermes en la noche
con más silencio que esta oscuridad
te duermes sin reproche
para plantar unos sueños que en verdad
del futuro son broche
que has de conquistar a la eternidad

Son párpados, guardianes
de fantasías que quisiera velar
son tus labios, desmanes
de una sonrisa que todo puede dar
tus mejillas, divanes
donde el amor siempre puede descansar

Tu inquietud es la mía
como mi universo lo es para ti
es vivir cada día
unidos, entre calma y frenesí
es la filosofía
pensando asá y pensando así

Eres el precipicio
donde da gusto caer, de modo igual
como si fuera un vicio

tan soez, tan burdo o tan demencial
y eres tú el inicio
de un cuento que espero hasta el final

Cariño

Cariño, hagamos como si fuéramos nuevos
como si decir *cariño* no sonara extraño
como si quien lo diga no fuera conocido
como si no tuviésemos pasado

Hagamos cuenta de que todo es empezar
que no tiene ni sentido ni final
que no tiene promesas rotas
que no son otras cosas

Hagamos ruido con el silencio
con la mirada
con la inocencia
con las manos de mañana

Hagamos la vista gorda ante la gente
ante los prejuicios y los presentimientos
ante las adivinanzas y la piel
ante las mentiras y los secretos

Hagamos sentido a la paz
a la revolución
a la justicia
a la madre tierra

Hagamos agua en los miedos
en las distancias vitales
en el tiempo y el espacio
en las pesadillas solamente

Hagamos la diferencia sobre el resto
sobre nuestra historia
sobre nuestra vida
sobre el mismo amor

Hagamos el amor hacia lo exclusivamente
hacia lo suavemente
hacia lo ardientemente
hacia lo conscientemente

Y hagamos conexión hasta olvidarnos
hasta perdernos
hasta volver a encontrarnos
hasta que el mundo se canse

De ti
de mí
de los dos
del amor

La ciruela pasa

El amor es dulce como una pasa
que pasa por todo el paladar
dulce como el amor de casa
que consagra todo el amar
sabes que es la uva pasa
hasta capaz de empalagar
hay pasa verdosa
o negra como la noche
hay pasa marrón terrosa
también amarilla como el derroche
de amor, de la pasa azulosa
y morada como la elegancia de anoche
pasan la vida y los años
como coches por carretera
pasa la imagen tuya sin paños
estirando más la frontera
pasan factura los daños
aunque no quiera
pasa la vida en un instante
como un bocado dulzón
pasa siempre por delante
como cuchara de pasa al ron
pasa romántica y delirante
que hace latir el corazón
no dejes que pase ese momento
ni adentro pase el miedo

no dejes que se pase el sentimiento
olvida cualquier enredo
no dejes que sea el lamento
lo que pase cuenta con el dedo
nueces y cacahuetes con pasa
es una buena mezcla de sabor
y aunque no te guste la pasa
¡créeme que es encantador!
si hasta la ciruela pasa
¿y tú no dejas que pase el amor?

Cuando

Cuando tomo tus manos y las entrelazo con las mías
siento que ningún tiempo sucumbe entre los dos
siento como si no hubiese más días
como si se estacionara en tu voz
como si de pronto las melancolías
fueran segadas sin hoz

Cuando te estrecho en mis brazos contra mí
el silencio da solo un concierto
la respiración dice que es por ti
que late el corazón en desconcierto
que será que tiene al fin
el latir más y más vivo que muerto

Cuando te beso dulcemente sobre la cabeza
la maldad más oscura se sublima
pareciera que le hemos robado a la naturaleza
lo que ella de ti más estima
tu pelo, tus mejillas, tu frente, tu belleza
una inocencia con la que se te mima

Cuando acaricio tu cuello de repente
es un contacto eléctrico y sinfónico
la noche, tu piel y es tu mente
un contacto, una seducción, un llamado icónico

mirar a la tentación con la mejor lente
es gritar por dentro y es quedar afónico

Cuando beso tu boca con deseo
todos mis labios son de tu propiedad
todo lo que escribo, todo lo que leo
sin límite, sin orgullo, sin vanidad
lo que veo, e incluso lo que no veo
mi cuerpo, mi alma y hasta la verdad

Ay, cuando mi boca recorre tu pecho
el momento no es momento, sino ahora
cómo se tiene deshecho
sin paz, sin agua, sin cantimplora
sin duda al explorador de un maltrecho
que navega en jadeos y los atora

Cuando como tu cuerpo hasta la vida
me mojo sin más en el aguacero
los gemidos ahogan mi salida
por más que pueda, no puedo, me muero, me muero
y mis ganas huyen en estampida
lo recuerdo, te pienso, y más te quiero

Tres noches

Tres noches te he soñado
no sé si con otras mil noches serán
tres noches te he pensado
necesarias, de olvidarte, qué dirán
tres noches te he deseado
mis ganas, cuando sepan que no están
tres noches te he extrañado
las tuyas, en serio, ¡no me creerán!

Tres noches cuento y más
hasta perderme en la almohada
tres noches en un compás
si huele al recuerdo con el que cada
tres noches y la demás
ilusión, nace con la madrugada
tres noches que además
de ser así, tienen mi alma amarrada

Tres noches, cuántos días
que te echo en falta y no te siento
tres noches que venías
tan cerca, será que casi me miento
tres noches que te irías
que de tu vida no cogí asiento
tres noches, tonterías
y delirios que son un sentimiento

Tres noches de sentido
para un millón de palabras sin amor
tres noches has vencido
el frío, el invierno y tal dolor
tres noches has venido
que en tus manos tienes ahora, primor
tres noches y un bandido
que estrellar, la oscuridad con fervor

Tres noches te he bebido
porque no sé contar más ni tampoco
tres noches te he leído
menos, y más te busco, es un poco
tres noches te he querido
cada día más, sin perder el foco
tres noches te he pedido
que te quedes, y ames a este loco

Pero si tú eres igual

Pero si tú eres igual
igual que todas las demás
con las mismas alegrías y tristezas
con las infinitas ganas de luchar
con los mismos dramas y telenovelas
con años de menos y otros de más

Pero si tú eres igual
aunque no quieras creerme
aunque me creas y lo ignores
aunque finjas que te dé igual
aunque no quieras quererme
así pases de mis amores

Pero si tú eres igual
contra viento y marea
contra corriente y necia
contra las palabras de mi boca
contradictoria otras veces
a contratiempo que provoca

Pero si tú eres igual
a pesar de la distancia
a pesar de los pesares
a pesar de lo más fatal

a pesar de ser las ansias
las que me muevan los cabales

Pero si tú eres igual
junto a tus estructuras
junto a mis deseos
junto a cuántos miedos
junto a una locura
juntos pero no revueltos

Pero si tú eres igual
la que me hace subir al cielo
para hacerme caer luego
para traer el vendaval
para mis días de hielo
cuando menos puedo

Pero si tú eres igual
mientras tu cara me enamora
mientras pasa el tiempo
mientras todo es diferente
mi corazón te llora
mientras pasa la gente

Pero si tú eres igual
¿por qué no encuentro en otras
lo que encuentro en ti?

¿por qué todas están tan mal?
¿por qué son pocas las costras
y tantas heridas en sí?

Una cola del futuro

Entre tú y ese destino
entre tú y la casualidad
yo te elijo
a ti, que fuiste camino
algún día la soledad
me lo dijo

que eres un tesoro tal vez
o una caja de Pandora
no se sabe
si tendré una y otra vez
que calzar el sitio y hora
siempre cabe

la casualidad, que todo
simplemente del azar es
culpa sola
porque de algún otro modo
del destino nada más ves
una cola

del futuro, que es presente
y que a ciencia cierta ya
no es ciencia
pues bonito en la mente
es vivir con magia que da
la consciencia

Con toda certeza

Porque cuando caigo en tus brazos
me pierdo
olvido el tiempo
me siento bien
incluso en retraso

Porque cuando te siento tan cerca
me desespero
me abstraigo
pierdo la cabeza
con toda certeza

Porque cuando me hablas
no existe nadie más
me empalagas los oídos
me ensordeces
me puedes y no puedo más

Porque si me tocas
no me resisto
te deseo
te imagino
así, sin ropa

Porque si me respiras
pierdo el aliento

se me llena el pecho de ternura
y si suspiras
quiero que sea por mí

Porque si me dices *te quiero*
muero de amor
y vuelvo a morir por ti
si lo dices despacio
también te quiero yo

Porque si lo piensas
también lo pienso hoy
mañana si hace falta
ayer por si las ganas
cuando reviente la razón

Porque si me odias
te importo
me vives
te quito todo
aunque estés con otro

Porque al imaginarte
me rindo
me alegro
me siento vivo
vuelo por el aire

Porque aunque no lo creas
te echo de menos
pronuncio tu nombre
busco canciones
a las que invento letras

Porque aunque no quieras
me estás leyendo
me estás recordando
me estás maldiciendo
me estás amando

Porque si bien exagero
no miento
no me interesan
los demás
solo lo que siento

Porque podría decir más
al teléfono
a la cara
a tu piel
pero ya lo sabes

Porque podría ser tan fácil
no hay quien medie
ni quien ceda

las estructuras
al amor

Porque es tan fácil amar
decir te quiero
te extraño
tan difícil callar
los miedos

Porque eres tú
lo fuiste
lo serás
muchacha que existes
del sur y la paz

Porque te llamas como te llamas
y vives en mí
como mi historia
y te apellidas fuego
de mi corazón en llamas

Tu nombre es una fantasía

Fantasía es tu nombre
y tu voz, tu sonrisa, tus palabras
cuanto más te develes o te abras
allí estaré hasta que me asombre

Porque tienes cautivo este hombre
en rebaño de corderos y cabras
eres mágica de abracadabras
bruja de la cual no oí tal renombre

Porque tu nombre es una fantasía
y lo que me haces, una quimera
la que me gusta vivir cada día

La que no sabe acento o frontera
ni color, solo es una alegría
la que hace que más y más te quiera

Mi amiga, mi confidente, mi amante

Oh, mi amiga, mi confidente, mi amante,
sean tuyas mis manos, mis alegrías, mis penas, mis deseos
Oh, mi amiga, mi confidente, mi amante,
sostén mis metas, mis ambiciones, mis derrotas, mis glorias
Oh, mi amiga, mi confidente, mi amante,
y ten mis fuerzas, mis energías, mis caídas, mis euforias
Oh, mi amiga, mi confidente, mi amante,
sean tuyas mis mañanas, mis tardes, mis noches y mis sueños

Oh, mi amiga, mi confidente, mi amante,
no me faltes nunca, jamás, ni siquiera, ni sé dónde
Oh, mi amiga, mi confidente, mi amante,
hasta la verdad, siempre, tal vez, eternamente
Oh, mi amiga, mi confidente, mi amante,
y quédate en el recuerdo, en las risas, los abrazos, en la mente
Oh, mi amiga, mi confidente, mi amante,
como si no hubiese futuro, pasado, límites u horizonte

Oh, mi amiga, mi confidente, mi amante,
sé por siempre tú, tu dulzura, tu tranquilidad, tu voz
Oh, mi amiga, mi confidente, mi amante,
por si no quedase claro, oscuro, gris o sentimiento
Oh, mi amiga, mi confidente, mi amante,
y toma de mí todo lo que quieras, orgullo, vergüenza, talento
Oh, mi amiga, mi confidente, mi amante,
para que no olvides el amor, el caos, la vida, lo de nos

Contrastando

Más me enamoro
menos entiendo el amor
más la amo
menos la adoro
más me dé temor
menos la llamo

mucho más la abrace
poco menos la olvide
mucho más la piense
poco menos se me hace
mucho más se decide
poco menos el corazón se tense

más y más la escribo
menos y menos la leo
más y más la canto
menos y menos la vivo
más y más la deseo
menos y menos suyo es mi llanto

demasiadas son las noches
exiguos los suspiros
demasiados son los días
exiguos los reproches

demasiados los retiros
exiguas son las vías

todo es como la tos
nada se ha de ocultar
todo el amor que diste
nada es de a dos
todo se ha de olvidar
nada pero nada es triste

Cuando los 26

Quererte sin exclusividad

Quererte sin exclusividad no es quererte poco
ni mucho menos quererte a veces
es quererte de un modo tan loco
y creer que en este amor simplemente creces

Quererte sin exclusividad no es dar un trozo
ni de cuerpo, ni de tiempo, ni de espacio
quererte sin pensar cómo es un gozo
para el alma, para nosotras, muy despacio

Quererte sin exclusividad no es volar en libertad
es volar juntos, solos y cuando lo necesites
es el cariño y es la solidaridad
cuando puedas, cuando quieras, cuando me invites

Quererte sin exclusividad es hablar de todo
sin miedos, juicios o condiciones
es ver a un igual de algún modo
y entregarte a tus propias emociones

Quererte sin exclusividad no es perfecto
ni la evolución o la vanguardia del mañana
es querer a uno y otro con su defecto
y su virtud más humana

¿Por qué quererte sin exclusividad es siempre un «no es»?
cuando puede ser cualquier cosa
porque el amor sin apellido cómo lo ves
como la vida, a veces negra, a veces color rosa

y quererte sin exclusividad es mi amor
sin ningún límite pero responsable
en el verano más caliente, desear tu calor
y suspirar por ti cuando ya no sea soportable

quererte y quererte sencillamente
atesorar tus palabras y tus perfumes
aunque con otras personas estés en mi mente
y querer que nunca, nunca te me esfumes

Cuando los 27

Como el naranjo

Tú no eres mi media naranja
ni yo tampoco la tuya
¿para qué la naranja entera?
cuando puedes tener todo el árbol
día y noche, año tras año
y comer de sus frutas
y hacer las más dulces mermeladas
o los más ácidos y refrescantes zumos
tener la mejor sombra para el verano
y la mejor esperanza para el invierno
el naranjo es como nuestra relación
nosotros solo somos pajaritos en él
que un día libres volamos
para encontrarnos y cantar juntos
asimismo, quedarnos y comer de las frutas
oliendo el mejor de los aromas de sus flores
que consagran entre los dos la primavera
seguiremos volando libres y unidos
al lado de este árbol que es nuestro refugio
que es nuestro sustento de vida
no sé si eres ave pasajera
si buscas mejor tiempo
o el amarillo del otoño
si has perdido tu rumbo

o piensas en quedarte
puedes partir cuando lo desees
pero este naranjo no será lo mismo
sin el trino que trajiste
porque las naranjas serán amargas
por unidades y mitades
¿para qué una media naranja?
cuando puedes anidar el resto de tus días
en el naranjo con el pajarito con el que más quieres
y da igual si es dulce o amargo
los cantos en la mañana son siempre de amor
incluso aunque no hallen hojas en las ramas
ni flores ni frutos
ese tronco seguirá fuerte
como mi canto de pajarito
por ti

Carta a una mujer encantadora

Muy señora mía, de semblante calmo, ojos tristes, sonrisa perpetua, rostro pálido y cabello al viento:

Dígame usted si estas tierras vieron tal belleza mezclada con la osadía
dígame si estas tierras escucharon risa embriagante como la suya
dígame si estas tierras tocaron piel tan suave y tierna como la que lleva
y dígame si supo tanto a gloria su presencia como su presencia misma

Respóndame cuándo es que el sol le dio color a su pelo
respóndame por qué el mar azuló sus ojos hasta ponerlos verdes
respóndame cómo sus labios han conducido tanta electricidad
y respóndame quién no deja de ser afortunado de pensarla primero

Avíseme la mañana en que viaje para llorarla
avíseme la tarde para llevarla en el recuerdo
avíseme la noche para encender todos mis oscuros deseos
y avíseme la madrugada para encontrármela en mis sueños

Pregúnteme en un acto qué le pasa a mi corazón
pregúnteme en dos actos cuánto le pasa hoy
pregúnteme en tres actos para qué es el mañana sin usted
y pregúnteme en cuatro actos dónde estuve que no la vi ayer

Confírmeme si su cariño infinito da el ancho
confírmeme si para llegar a él el camino es muy largo

confírmeme si hasta el cielo es menos alto
y confírmeme si de tanta caricia nunca estaré harto

Envíeme todas sus largas penas
envíeme una a una sus alegrías
envíeme sin miedos sus miedos
y envíeme todas las palabras y las ropas que me quedan

Hasta la victoria, hasta el empalago, hasta la verdad y el último orgasmo

Siempre suyo,

La melena salvaje

El amor es como el café

El amor es como el café
es lo primero que piensas en la mañana
lo que necesitas para empezar
ese cálido refresco por las gargantas
es una interminable gana
del mundo conquistar
de una, entre tantas

El amor es como el café
es aquello que sostienes entre tus manos
a veces más claro, a veces más oscuro
a veces más dulce, a veces más amargo
es un deseo tan humano
unos momentos sucio, otros tan puro
y es lo que vivo, es con lo que cargo

El amor es como el café
si es poco, lo disfrutas
si es mucho, te mata
como la droga, como el veneno
no debes mezclarlo con frutas
mejor con pasteles y nata
¡pareciera que no es nada bueno!

El amor es como el café
acompaña la noche de escritura

aviva la creatividad
quita ese sueño
de abrazarte con locura
de besarte con sinceridad
¡de esa taza, soy dueño!

El amor es como el café
lo quieres casi siempre caliente
grande y espumoso
cuando más frío hace
para sentirte mucho más valiente
enfrentando el día ruidoso
que en tu boca se deshace

El amor es como el café
puede venir de cualquier parte del mundo
como suave, como fuerte
como instantáneo, como complejo
puede durar horas, como un segundo
dando vigilia a la muerte
y vida a lo perplejo

El amor es como el café
si lo tienes, lo guardas
lo guardas, lo cuidas
lo cuidas, lo recuerdas
da igual si tardas

una o más vidas
mientras los labios te muerdas

El amor es como el café
es un intenso aroma
un inconfundible sabor
cada vez, una experiencia
que la razón nunca doma
que del impulso es un honor
cuando halla su presencia

El amor es como el café
si se hace al iniciar el día
todo parte bien
es un segundo aliento
cuando es al mediodía
pero cuando es de noche también
no se duerme en ni un momento

El amor es como el café
es tranquilo cuando está en casa
aventurero si es de carretera
si es de oficina, rutinario
en la calle, solo pasa
como ave pasajera
y en el bar, contigo, algo más que necesario

Si me quieres todavía

Si me quieres todavía
conmigo fúndete en la tarde
como el sol en el mar
caliéntame por el día
y ahora que la noche arde
ven a mi soñar

Si me quieres todavía
ven a buscarme
que me olvide de todo
haz que sea como una ría
de ti embarrarme
y hasta el último lodo

Si me quieres todavía
no me des palabras bonitas
dame simplemente hechos
y enséñame la vía
de saber cómo quitas
mis deseos deshechos

Si me quieres todavía
olvida tu rencor
y toda duda
déjame saber que es mía
la razón de tu amor
todavía, y tozuda

Si me quieres todavía
no eches mentiras
ni promesas tampoco
porque te amaré en la algarabía
aunque me hagas tiras
y me recuerdes poco

Si me quieres todavía
piensa algo en mis penas
algo más en las tuyas
pero no oigas mi llorería
ni el arrastrar de mis cadenas
aunque por mucho lo intuyas

Si me quieres todavía
y a pesar de los daños
de las desconfianzas
de todas nuestras manías
y habiendo pasado muchos años
¡dime si quedan esperanzas!

Si me quieres todavía
muérdeme la oreja
yo comeré el resto de mi cabeza
porque si me quieres todavía
seamos amigos o pareja
seremos, y como el agua a la naturaleza

No te pido

No te pido un momento
sino el último
tal vez te pida un beso
si puedes vivir con eso
no te pido palabras bonitas
lo que quiero es cariño
porque puedes alejarte
pero no quiero que me olvides
porque el olvido es muerte
y yo no quiero morir de amor
porque tu amor es droga
pero no puedes quitarle al adicto
su droga de forma tan radical
eso hará que sean peores
las ganas de dejarla
eso hará que no tenga sentido nada
pero sentimiento todo
aunque de algún modo
mate y reviva a la vez
no te pido un abrazo
te pido miles
porque mañana no estarás
porque la almohada no será suficiente
porque el verano es mejor
para esconder las lágrimas entre el sudor
para esconder mis pocas ganas de vivir

con la siesta de la tarde
para qué me cantas
si sabes que te escucho
un millón de veces
pienso en ti más de lo que quisiera
como lo hace cualquier enamorado
que espera erróneamente lo mismo
escucho todas las canciones de amor
y las odio a todas por igual
cada una que oigo
me recuerda a ti y a mí
a lo que fuimos, somos, seremos
a lo que nunca podremos ser
me amargo como el chocolate que me gustaba
a la vez, me endulzo como el que te gustaba a ti
esta tristeza es tan adorable
que echo a llorar
que ahogo mi llanto
que no puedo más
y te echo de menos
es una necesidad ilógica
de nostalgias por la mañana
de celos por el mediodía
de soñarte cada noche
que me arañas la espalda
que me pides cosas vulgares
que te retuerces sobre mí
pero no quiero darte dramas

ni pedírtelos otra vez
quiero que me mientas
hasta que en verdad te vayas
quiero que me des lo mejor de ti
para recordarte en gloria
para que mi maldita tristeza
pierda nuevamente ante el placer
no te pido contratos
ni acuerdos por escrito
ni expectativas por cumplir
te pido que seas sincera
y si me amas
demuéstralo
no importa que no sea para siempre
no importa si hay otra persona
no importa la distancia
me conformo con escucharte
como escucho tus canciones
como leo tus poemas
cuando te recuerdo en el silencio

Mi amor es republicano

Mi amor es republicano
porque todos somos iguales
porque todos somos hermanos
porque todos somos libres
mi hogar no es un castillo
ni una fortaleza
ni un dominio
un par de corazones y de cabezas
que han decidido estar juntos
bajo acuerdos y democracia
bajo la paz y la justicia
este amor no sabe de autocracias
mi amor no tiene reyes
ni reinas tampoco
ni tronos ni dinastías
ni princesas o príncipes locos
mi amor no vive de contratos vitalicios
que trajo la providencia
ni privilegios ni vicios
que se dan con la herencia
mucho menos sirve al Estado
pero tampoco es servido
no se pasea con los guardias del mercado
este amor no es comprado ni vendido
mi amor se elige cada cuatro años
o los años que falte

porque es imposible que con los daños
su poder no sea renovado
y si es bueno y justo
renovará mucho o hasta el fin
el poder moderado
gobierne o represente no da susto
mi amor no está casado con la Iglesia
ni con la religión
ni con la muerte
ni con la tradición
es amor de todos y todas
es un amor fuerte
que no necesita anestesia
para enfrentar el dolor
de una historia de explotación
de la que creyeron otros antes
que no era historia de amor
que había que poner fin cuanto antes
porque donde no hay amor ni república
no hay memoria
no hay conciencia
ni el despertar de la historia

No soy un buen artista

No soy un buen artista
ni quiero serlo
no quiero vivir de aplausos
ni fortunas tampoco
no quiero un cuadro impresionista
mucho menos verlo
desde lujosos autos
que monta cada loco

No soy un buen artista
que tiene un gran ego
más grande que sus problemas
y todas sus fantasías juntas
porque por muy bien que toque el guitarrista
no ha de dejar ciego
sino sordo de poemas
a quien no puede unir las puntas

No soy un buen artista
no necesito que me lo digas
que hace falta mucha disciplina
y otro poco de fortaleza
y aunque a veces sea un oficinista
como pan y no migas
del amor, incluso en la oficina
por si pierdo la cabeza

No soy un buen artista
ni un gran crítico de arte
ni acumulador de conocimientos
de los clásicos del *rock and roll*
a veces confundo vocalista con solista
eso puede impactarte
pero la música son sentimientos
y conciencia de un nuevo sol

No soy un buen artista
como consumidor soy un terror
como espectador un desastre
y, sin embargo, pongo el corazón
aprecio mucho lo vanguardista
unas cuantas canciones de amor
otros remedos de sastre
y varias letras de desazón

No soy un buen artista
porque no guardo nombres en las copas
ni oculto dolores en botellas
ni drogo mis miedos por las noches
mi arte es aburrido y simplista
no importan los lugares o las ropas
ni la luna ni las estrellas
y menos, oros en broches

No soy un buen artista
siquiera una buena persona
mi actuación es paupérrima
no sé cómo mentir
mis fotos jamás darán para revista
dirá que hay una impresión más mona
la crítica más acérrima
y la imagen que más hace reír

No soy un buen artista
y tal vez soy el peor
cuando canto desafino
cuando pinto descarrilo
incluso para poner amarillo a la genista
pero mi vida tiene mucho color
pocas líneas en el camino
y otro poquito de sigilo

No soy un buen artista
quizá nunca fui uno de ellos
nunca me invitaron a sus fiestas
nunca esculpí en sus edificios
de magnífica vista
nunca firmé en sus sellos
nunca supe quiénes eran estas
las tóxicas manías de sus vicios

No soy un buen artista
solo un adulto que escucha
un niño que dibuja
un anciano que recuerda
sus años de maquinista
por las vías de su propia lucha
en las que el arte siempre empuja
sus días de suerte

Cuando los 28

Da igual

Da igual:
que no haya etiquetas
que no se hayan pensado
que nos caigan rutinas completas
si huele a enamorado
si es para hoy o para mañana
si se pierde la cabeza
aunque siempre no esté la gana
aunque barra con toda fortaleza

Da igual:
nuestras legítimas diferencias
nuestras propias crianzas
cómo se desarrollan nuestras esencias
cómo crecen las confianzas
que tengamos mil enemigos
que se nos vayan todas las horas
que no coincidan los amigos
que vayamos con demoras

Da igual:
si no puedes en el momento
o incluso más tarde
si no es el mismo sentimiento
si de la misma manera no arde

tu fuego como el mío
si no tenemos las mismas ilusiones
ni las necesidades cuando viene el frío
y sean otras las decisiones

Da igual
por ser este u otro el espacio
si estás con la mente en otras cosas
si hay que ir muy despacio
si la vida no es tan color de rosas
que se opongan las familias
las vidas de personas grandes
las más enfermas parafilias
ahí estaré donde andes

Pero no da igual:
si enfermo está este mundo
si hay guerras
si hay un hambriento moribundo
si para vivir no hay perras
si no existe la justicia
si no se respeta la libertad
si todo se vicia
y con el adicto no hay solidaridad

No da igual
si unos con un poder son más que otros
y que eso sea indolente
que unas otras todavía estén por debajo de nosotros

hombres, y eso sea indiferente
que inocentes sufran aquí
o que también sufran por allá
que los privilegios no son porque sí
porque somos hijos de una historia quizá

No da igual:
si hay gente desesperanzada
que no tiene ganas de vivir
que siendo discriminada
no quiere más sufrir
que pudiendo dar la lucha
no entregue el último respiro
que siendo la injusticia mucha
piense solo en el retiro

Da igual:
todas las condiciones
porque yo quiero estar contigo, amor
porque aunque sean difíciles las situaciones
contigo es muy distinto el dolor
de este mundo, que no da igual
toda cara horrible
que siempre estás conociendo
y tienes en mí un compañero terrible
por si quieres ir venciendo
los monstruos más invencibles
de lo que nos toca vivir

Oye

Oye, quiero que me ahogues
que ese beso no termine
ni la gana se elimine
que por mí siempre abogues
la razón en que desfogues
así, que sea mi espalda
do tus uñas vean su balda
y donde mejor se araña
una pasión en España
debajito de tu falda

Oye, quiero que me amarres
que me marques con tus dientes
hasta saber cómo sientes
mis carnes en paladares
no quiero que te separes
por si explota el gemido
si me abre todo sentido
si me hace gritar también
y si me hace tanto bien
no lo quites, te lo pido

Oye, quiero que me exprimas
como la naranja al vaso
rápido, de un solo paso
que me lleves a las cimas

en las que mejor intimas
los más desenfrenados
deseos, que por costados
y costados salen, amor
¿cómo bajar este calor?
¡si ya yacemos quemados!

Oye, quiero que me prendas
que tu lengua me recorra
ser tu zorro, tú, mi zorra
sobre la cama me tiendas
que me lleves por tus sendas
que tus piernas atesoran
saber quiero dónde moran
los raudales de juventud
con la que radia la actitud
de días que se empolvoran

Oye, quiero que me tomes
que me enseñes tus secretos
me des unos cuantos retos
seré bueno si me comes
yo solo quiero que asomes
sobre mi boca, tus pechos
sobre mi vida, tus trechos
porque te pienso bastante
en esta noche galante
que remito mis hechos

Soy yo el intenso

Soy yo el intenso
¿lo recuerdas?
el que te escribe todos los días
que quiere saber cómo estás
cómo te sientes
que quiere saber un poquito de ti
cada día un poco más
el intenso que busca palabras bonitas
pero no las encuentra
el que prefiere enviar canciones
y pensar que así deja el corazón
secando ante la brisa
como alguna vez que tomaron fresco los pensamientos
cuando te vi

Soy yo el intenso
que no teme ser un niño
soltar unas cuantas verdades
y dar cuanto tenga
correr hacia ti
como un desesperado
como un loco
como la última vez
y abrazarte muy fuerte
tan fuerte
hasta perder el frío

hasta perder la noción del tiempo
los semáforos en verde
y algún que otro autobús

Soy yo el intenso
por emocionarme
al escuchar tu historia
por pensar en ti varias veces esta mañana
por nombrarte otras más anoche
por suspirar toda la tarde
hablarle de ti a todo el mundo
y lo que diga el mundo me resbale
porque he puesto el alma
la energía de mi juventud
los pocos conocimientos
mi honestidad y mis ganas
para ti

Soy yo el intenso
¿me tienes miedo?
porque he demostrado mucho
porque soy un sinvergüenza
porque sin hablar de compromiso
te pongo atención
y doy más de lo que diese un amigo
un amigo cualquiera
y más de lo que da un amante
de sábanas mojadas

y me siento responsable contigo
porque la libertad me fue dada

Soy yo el intenso
¡no tengo reparo!
donde hubo muerte
puse el llanto
donde pongo la vida
pongo la lucha
por mucho que esto cueste
seguiré peleando
solo
porque así nací
porque vivir es una opción
porque no le tengo miedo a la muerte
y mucho menos a sufrir
tu indiferencia

Soy yo el intenso
¿tienes cansancio?
de mis palabras
de mis caricias
de mi trato
de mis deseos
de verte en la próxima cena
compartir una copa
un beso cómplice
un abrazo íntimo

una comunicación sólida
y sonreírte
al enfocar tu cara
que me enamora

Soy yo el intenso
¿quieres huir?
solo he soltado un *te quiero*
solo he sido yo
solo he cometido un error
de sentirte sin miedo
de no ser un cobarde
de no amargarme en el fracaso
olvidar los fantasmas del pasado
y volver a empezar
contigo tal vez
otra historia
que no termine mal
que no termine

Madrigales para una jurista

Te confieso, jurista
que todavía no me he leído la ley
y habiendo jurado ante Dios y el rey
solo en tu presencia
juro de verdad, por las causas justas
todo lo que me gustas
cuando me llevas a la adolescencia
me mata, me sentencia
tu mirada que dista
de la mía, tan débil y sofista

Te conozco, jurista
que el corazón ante la abogacía
presta testimonio la carne mía
que se llena de gozo
cuando te mira, cuando más te siente
cuando hinca el diente
los impulsos atrevidos de mozo
caen trozo a trozo
como obra de artista
de la razón, nublándose su vista

Te admiro, jurista
porque pones el corazón una vez
porque siendo jurista, no eres juez
ni menos, litigante

y vuelves a poner el corazón, sí
que nada es baladí
para las causas de aquel inmigrante
nobles, van por delante
resolver una pista
de un dolor social que se le enquista

Te recuerdo, jurista
cual esencia de la misma justicia
imparcial, recta, que nunca se vicia
y me traes tanta paz
perdida, ¡más creo en la humanidad!
colmadita de bondad
de ideales defendidos, por capaz
te he llamado perspicaz
y por ser más que lista
se te teme, se te quiere, jurista

Hay polvos

Hay polvos en cementerios
sobre tumbas de los muertos
en las cargas de los puertos
polvos de negocios serios
hay polvos en los imperios
llenos de nostalgias y más
de unos, ¿para los demás?
solo polvos de cañones
en los libros batallones
y vidas que quedan atrás

Hay polvos en los desiertos
y en las estanterías
de libros con tonterías
que desean ser abiertos
para humanos despiertos
se han hecho los escritos
pero llenos de polvitos
se han quedado otra vez
el sistema con su tozudez
dijo que eran solo mitos

Hay polvos en la construcción
que hieren como prefacio
hasta matar muy despacio
fábricas que en su conducción

merecen una destrucción
en infamia histórica
¡la honra más eufórica!
a los obreros que dieron
que por los polvos perdieron
la vida en retórica

Hay polvos en las pinturas
paredes, fotografías
en las noches, en los días
hay polvos entre costuras
en armarios las locuras
de otrora jovenzuelos
polvos por todos los suelos
casas que nadie visita
de gente que está proscrita
y vive sus propios duelos

Hay polvos y polvaredas
los hay concretos y abstractos
hay polvos que son tres actos
en camas, en las veredas
polvos de las humaredas
que son cenizas al cielo
las escarchas que del hielo
son polvos de enfriamiento
también polvo en el viento
seremos, y en paralelo

Hay polvos que yo quisiera
duraran toda la vida
¿polvo que no se olvida?
el que fue la vez primera
hay sangres de primavera
alteradas por un amor
un verano abrasador
con calima de abrigo
y hay unos polvos contigo
que son algo más que mejor

Pelo lacio

Joven de pelo lacio
¿cómo surcas caminos divergentes?
¡cómo pones cara a las gentes!
y mantienes la quietud
amas, deseas de otra manera
fe de mi primavera
eres, y esperanza de mi juventud
y un amor de actitud
opuesta al espacio
de amar deprisa, follar despacio

Mi deseo reacio
a no amarse sin exclusividad
no ser libres sin responsabilidad
no pensar en la vida
de los demás, tras las historias que son
tesoros o desazón
pero historias, y un alma vivida
negada a la partida
a un simple prefacio
de amar deprisa, follar despacio

Joven, eres palacio
hogar, trinchera y campo fecundo
eres intensidad de un segundo
barricada de lucha

la interpelación a la familia
la más cruel parafilia
amor sin límites que no se escucha
la conciencia es mucha
por eso no me sacio
de amar deprisa, follar despacio

Cuando los 29

Me gustaría que me creyeses

Me gustaría que me creyeses
que aceptaras mis palabras
como aceptas mis abrazos
cuando te echo de menos
y te siento lejos

Me gustaría que me creyeses
que el pasado no interfiriera
donde los miedos son anécdotas
de una terrible pesadilla
que ya se fue

Me gustaría que me creyeses
como yo creo en ti
pero esas son expectativas
tal vez deseos ilusos
que nunca se puedan cumplir

Me gustaría que me creyeses
cuando digo que te quiero
y que por decisión propia
la exclusividad te la he dado
sí, a ti

Me gustaría que me creyeses
pero son tantas las palabras
derramadas por tantas personas
y tantos hechos
que te suenan igual

Me gustaría que me creyeses
que no soy igual al resto
que esta situación no es la misma que las anteriores
que tú tampoco eres la misma
que en la vida nada se repite

Me gustaría que me creyeses
y aguantaras la respiración
y me dieras un poco de tu aliento
porque donde tengo mis deseos
también ahogo mi perdón

Me gustaría que me creyeses
que confiaras en mí
de no hacerte daño
de no alejarte de ti
ni de tus sueños

Me gustaría que me creyeses
a veces, ciegamente
y te entregaras de una vez

a todo el amor que hay dispuesto
merecidamente para ti

Me gustaría que me creyeses
que olvidaras los prejuicios
todos los antecedentes
y todos los sabotajes
que no dejan fluir

Me gustaría que me creyeses
que vivas un rato en la inocencia
donde llevo esperándote
para que me enseñes tus secretos
y tus sutilezas

Me gustaría que me creyeses
no le dieras más vuelta a la rueda
que te echases en ella
no para rodar
para aprender en sus huellas

Me gustaría que me creyeses
sin embargo, esto no es una religión
ni las más dulces ideas libertarias
este soy yo pidiendo atención
en mi derecho a hablar

Me gustaría que me creyeses
en un intento último
de tocar a tu corazón
de que si hacen falta fuerzas
yo te las doy

Pero me gustaría que me creyeses
aunque no pueda tirar más
de esta sinceridad mía
de toda mi espontaneidad
porque no hay más

Me gustaría que me creyeses
y tal vez, no hay nada más que hacer
porque este es solo mi tonto deseo
lo tuyo, una certeza
y esto, un simple divagar

Y me gustaría que me creyeses
incluso con una pizca de esperanza
aunque sea muy poco
que pienso en ti hoy
mucho más que ayer
para tu bien

Son ojos

Son ojos, corazón mío
los que te miran y guardan
intentan, hasta que ardan
los deseos con un brío
son ojos como un río
cuando drásticamente te ciñes
de color agua me tiñes
los ojos y las mejillas
para palabras sencillas
soy vulnerable si me riñes

Son ojos y son mis puertas
tal vez nunca puedan mirar
ni siquiera focalizar
¡las necias miradas muertas!
ni siquiera son las tuertas
son ciegas naturalezas
y ojos que con certeza
en la ausencia hallan valor
cuando se escapan del rumor
para construir su fortaleza

Son ojos en esperanza
te echo uno, o tal vez diez
de amor de solidez
te echo uno por confianza

por si en la lontananza
hiciera falta, tengo más
de esos que guiñan además
donde explota la pasión
¡vuelve a darme ilusión!
tú y yo, otra vez, al compás

Son ojos y son mis ojos
los que te aman con vida
de entrada y de salida
como todos mis antojos
¿mirarán con buenos ojos?
si los dos tenemos hijos
hablarán pobres y pijos
¡sociedad cómo te pierdes!
quizá tendrán ojos verdes
¡o los principios bien fijos!

Este otro canto arrepentido

No es que no te quiera, ni menos que no te ame
que no hubiese deseo, ni promesas colmadas
a la ida tengo miedo, que de pronto me llame
que a la vuelta me cobre, canto arrepentido

No es que no te quiera, y puedo llegar tarde
cuando me estalle el pecho atestado de culpas
y no pueda llamarte y se me anude el cuello
echándome a sollozar pidiéndote disculpas

Todavía no entiendo, canto arrepentido
y no es que no te ame, y puedo llegar tarde
puedo ser el ser más vil en la noche más negra
y ordinariamente ser tal vez el más cobarde

Me ha dominado el miedo en unos cuantos días
sin querer te he llamado canto arrepentido
porque de mi conciencia eres peso que aplasta
porque eres lo que es hoy, lo que siempre he querido

No es que no te quiera, ni menos que no te ame
no es que no haya sentido volar las mariposas
canto arrepentido, quizás no es el momento
por tener la cabeza muy revuelta de cosas

No puedo alcanzarte, aunque haga o pretenda
y mientras más alcance, me domina aquel miedo
que no supe explicarte cuando la ansiedad vino
todavía no entiendo y sigue, ¡qué más remedio!

La casita en el campo con la huerta de ensueño
unas antigüedades entre filosofía
te plantas como herida, canto arrepentido
y te añejas de angustia en la melancolía

Este libro se terminó de editar en Granada
en octubre de 2024 por

www.aliarediciones.es
info@aliarediciones.es